I0421661

Manuele Migoni

IL LATO OSCURO DEL POTERE

Opera che non può essere riprodotta né distribuita, così come esplicitamente previsto dalla legge applicabile (633/1941).

Editing a cura dell'autore.
Tutti i diritti riservati. ©2025 Manuele Migoni.

CONTENUTI

Il lato oscuro del potere

Il prezzo pagato dalla brava gente che non si interessa di politica è di essere governata da persone peggiori di loro

Platone

IL LATO OSCURO DEL POTERE

IN RIFERIMENTO AL NUOVO ORDINE MONDIALE

Riguardo il cosiddetto Nuovo Ordine Mondiale, a oggi può dirsi come quello individuabile in una pseudo frangia settaria di giudaica provenienza, all'occorrenza manovratrice di opposti poteri o regimi rivoluzionari, abbia avuto la meglio, avendone precedentemente riscontrato un altro di tipo francese e, precursore a una scissione che poi avrebbe generato quello attuale, un altro ancora di tipo britannico/tedesco.

È significativo il fatto di come soprattutto il primo - un Nuovo Ordine Mondiale che da oriente (URSS), attraverso il Regno Unito, avrebbe dovuto raggiungere il cuore dell'Europa - subì degli incidenti di percorso, causa il suo leader di maggior riferimento, Lev Trotsky, ritenuto per ragioni di salute non più all'altezza, e sopraffatto, è il caso di dire, da Iosif Stalin, che a sua volta autorizzò, e nei confronti degli Stati Uniti - luogo poi prescelto come nuova sede da parte di quella pseudo frangia settaria accennata poc'anzi - l'instaurazione e l'ingresso di industrie e di capitali, indebitandosi non poco: un fatto per cui dovette ricorrere, per far fronte a tutto ciò, agli ormai risaputi saccheggi o genocidi sistematici nei confronti di ebrei e nobili.

Il timore di invasione, di conquista e sistematico depredamento da parte dell'Unione Sovietica nei confronti dell'Europa, si portò così avanti fino a oltre la seconda guerra mondiale, in un contesto da guerra fredda in cui gli stessi statunitensi, come nuova potenza egemone - e al di là da correnti "newyorchesi" al loro interno - per fronteggiarne il pericolo utilizzarono elementi fuoriusciti dal nazionalsocialismo tedesco e dal fascismo italiano.

Dell'ipotesi invece di un Nuovo Ordine Mondiale a guida britannico/tedesca, questi sostanzialmente fu pensato come prospettiva di successo nei confronti di quell'altro Nuovo Ordine Mondiale, ovvero quello a matrice marxista-capitalista pseudo settaria.

Ma i britannici ambivano a ben altro, che non il solo fatto della spartizione del mondo su presupposti tradizionali o di rivisitazione di qualsivoglia aspetto razziale: su un'Europa post-bellica che per loro stessi però, e causa ingerenza statunitense, cominciò a essere un problema.

Al di là da opportune modalità di facciata, vi fu quindi da parte dei britannici un principio di contrapposizione nei confronti degli Stati Uniti, contrapposizione molto più pronunciata per quel che invece avrebbe riguardato la Francia, e nei confronti degli stessi Stati Uniti, a causa dell'accennata volontà da parte sua di imporre un altrettanto Nuovo Ordine

Mondiale.

DEGLI IMMORTALI PRINCÌPI

E a cosa corrisponderebbe dunque, quella pseudo frangia settaria di giudaica provenienza?

Dall'interno di quel nucleo formante per l'appunto il NUOVO ORDINE MONDIALE, è anzitutto infiltrazione, tentativo di cancellazione e opportuna strumentalizzazione dell'ebraismo tradizionale o eterodosso, attraverso dei fomentati regimi ideologici di matrice sia rossa che nera, i suoi principali fautori avendo quindi ideato lo studio e il riconoscimento/disconoscimento sulle razze, razze che avrebbero quindi piegato e utilizzato per propri fini strategici e propagandistici.

In particolar modo con il nazionalsocialismo e il marxismo/comunismo/bolscevismo vediamo il tentativo di acquisire poteri da quei "maghi" neri plurimiliardari, per poi cercare di liberarsene, per quanto a oggi nessuno sembra esserci pienamente riuscito, neppure coloro che si reputano democratici, vittime - se non artefici, talvolta - degli stessi discutibili atteggiamenti (**1**).

(**1**) *Ci si potrebbe riferire all'autore Riccardo Tristano Tuis, che nel suo "Gesuiti", chiarisce in modo pressoché inequivocabile come dietro ai moti della Rivoluzione Francese non ci fossero tanto, come si è soliti credere, le massonerie* *internazionali - che furono agitatrici in alcuni elementi ma a un livello secondario - quanto invece La Compagnia di Gesù in accordo con quei finanzieri internazionali di pseudo giudaica provenienza. In coincidenza della rivoluzione russa del 1917 e della crisi economica del 1929, attualmente l'area di loro competenza è dunque quella statunitense.*

NAZIONALSOCIALISMO E SOCIETÀ SEGRETE

In contrapposizione al mondo ebraico, con il nazionalsocialismo tedesco vediamo il chiaro tentativo di drastica sostituzione di ogni restante occultismo/esoterismo - composto da società segrete e circuiti massonici - in uno solo, quello nazionalsocialista appunto.

Tutto ciò non soltanto per una questione occulto-esoterica, ma anche per il predominio di un sistema costitutivo/strutturale nei confronti di un altro, in modo da poterne ottenere una dottrina organica completa.

Parliamo, da parte del nazionalsocialismo - e di tutti quei fascismi a esso legati - di una chiara avversione nei confronti delle cosiddette plutocrazie.

Sebbene, a tutto dire, la sua tradizione occulto/esoterica in fondo non è che se ne discostasse così tanto: trattandosi al più di gnosticismo templare e rosacrociano, insito altresì in quelle conventicole, seppur contrassegnate fra loro da alcune differenze, di politico plutocratico riferimento.

Si mescolano qui questioni politico-imperiali dell'epoca, in cui si cercò, attraverso i citati settori occulto/esoterici – sostanzialmente, come già avuto modo di specificare in precedenza, a guida giudaica pseudo settaria - di colpire l'imperialismo tedesco (smembramento dell'impero ottomano e rivoluzione bolscevica) ché in questo caso quindi, ne andrebbero ulteriormente chiarite le differenze che intercorrono fra ortodossia o eterodossia ebraica, e forme deviate di illuminismo o di eresia al suo interno (Illuminati di Baviera e Sabbataismo Frankista).

Tale illuminismo, fu anche il motivo principale del perché in Italia vennero introdotte le leggi razziali (e non soltanto per razzismo somatico o spirituale, né quindi per la dovuta alleanza con la Germania) proprio perché in vista delle "rivoluzioni" e nuove guerre emerse fino a quel momento, quel circuito comandava, per così dire, andava per la maggiore (con ciò non si vuole giustificare alcunché).

Potremmo riferirci qui a campi energetici riguardanti ambiti esercitanti nella maggior parte dei casi forme di magia nera, per quanto da questo punto di vista la dottrina, in sé - in quanto a gnosticismo – possa anche contenere delle differenti finalità.

In tal senso ci si potrebbe riferire ai testi di colui che credo sia stato in assoluto il maggior divulgatore della dottrina occulto/esoterica nazionalsocialista, il cileno Miguel Serrano, che in non moltissimi libri, ma dallo spessore piuttosto consistente, ne ha messo nero su bianco i principali contenuti.

Per stare a un Serrano, da un circuito naturale già irrimediabilmente in atto, il Lucifero come Stella Mattutina e Stella della Sera, è inteso non tanto come dannato o avversario, quanto come indice, in ognuno, di superamento e di liberazione a tutto ciò (**1**), archetipo che in fondo, come velato o metaforico procedimento naturale, sta alla base funzionale di qualsivoglia ortodossia religiosa, per quanto in essa venga spesso separato e considerato in termini "assoluti", corrispondendo così alla vicendevole trappola dualistica tra l'ortodossia religiosa stessa e le forme più blasfeme di satanismo.

Attraverso suoi transfughi occultamente reintegrati negli Stati Uniti, attualmente potremmo considerare l'occultismo nazionalsocialista in simbiosi con un neo-liberismo politico, per il fatto di non porre più in contrapposizione determinate razze, ma direttamente, e per un qualcosa riguardante i risvolti inerenti i destini dell'umanità, di controllare ed eventualmente annichilire l'umanità stessa nel suo insieme (di qui anche la distinzione fra occulto, o occultismo magico elitario, ed esoterismo come coltivazione spirituale per ognuno): in una diversificata concezione di segregazione razziale e di eugenetica, all'occorrenza da intendersi da laboratorio (pandemica) o robotico/artificiale.

(**1**) *Lucifero come i cosiddetti Guardiani della Soglia, gli Arconti, Satana - per citarne alcuni - il cui compito è sempre infinitamente quello di cibarsi, e sul tramite psichico-umano, degli* *stessi elementi della dannazione: dolore caos e organica separazione come scissione-perdizione dall'unità originaria su base sessuale e morale-comportamentale. L'umanità, a un livello metafisico prima, e di realtà oggettiva poi, essendo fondamentalmente co/creatrice della sua stessa essenza divina, e d'altra parte essendo consapevole o meno degli arcontici, eggregorici livellamenti parassitari scaturiti, nell'operare una più coscienziosa, dunque consapevole-conoscitiva liberazione dai suoi stati "intermedi", risalendo così alla più alta fonte luminosa del Pleroma Aureo, farà in modo di giungere a immedesimarsi completamente con l'Entità Assoluta, farà in modo di scoprire o riscoprire l'altra faccia non più fanatica, guerresca, stolta, della Luna, così come di altre entità planetarie quali Saturno o Baal.*

POTERE SEGRETO

Per quanto divenuto tale su decisione di una o più ristrette élites, il monoteismo nasce sempre come strumentale apertura al popolo.

Quello del cristianesimo ne è il caso più emblematico.

Fuoriesce da due fazioni in lotta, principalmente da quella ario-sumero-accadico-scita-babilonese, dal culto sacerdotale-patrilineare mitraico/zoroastriano - fazione che per non incorrere in schiavitù fuggì dall'Egitto dopo averne conquistato una parte - e da un'altra, appartenente alla stessa famiglia, caduta invece in schiavitù, e che per via del suo lignaggio fu intrecciata in matrimonio con gli stessi egiziani, che tali virtuosi retaggi ancora non possedevano completamente.

Della prima, relativa dunque alla creazione del cristianesimo, se ne riscontra evento dalla distruzione del Secondo Tempio di Gerusalemme per mano di Tito, figlio dell'imperatore romano Vespasiano, dove per opera di Yosef ben Matityahu (Giuseppe figlio di Mattia, ovvero Tito Flavio Giuseppe) vi fu la cessione dei restanti tesori del Tempio in cambio della libera cittadinanza romana, un qualcosa che si rivelerà come lenta infiltrazione in Roma da parte di tale cerchia patrilineare giudaica, infiltrazione in quel caso non dissimile a una sorta di perenne vendetta.

Nella circostanza, accusato di vigliaccheria e tradimento attraverso uno stratagemma di morti volontarie per cui ne rimase l'unico superstite, con le stesse specifiche corruttive modalità, a Tito Flavio Giuseppe seguì Paolo di Tarso, come ispiratore/instauratore del cristianesimo romano, in un percorso che vide la sua concretizzazione in Flavio Valerio Aurelio Costantino, passando per Lucio Anneo Seneca.

In conseguenza di ciò, quest'ala giudaico-davidico-farisaica potremmo quindi considerarla come Sacro Romano Impero, gerarchia papalino-vaticana, nobiltà nera, schiatta guelfa carolingia e gesuitica, nonché più recentemente, come circuito massonico-economico-bancario.

Il suo monoteismo non è tanto da intendersi come autenticamente fideistico - sebbene contenga dei plausibili dogmi utili a strutturare e strumentalizzare al meglio le popolazioni a cui si rivolge - il suo monoteismo è tutt'al più da intendersi in un senso imperiale.

E proprio al cospetto e in avversione a quell'altra fazione davidica, ovvero quella originatasi dalla nobile mescolanza matrilineare ebraico-egizia (1), a cui si potrebbero ricondurre questioni inerenti gli Esseni, il

Santo Graal, l'Arca dell'Alleanza, i Teschi di Cristallo (**2**) la figura di Mosè e soprattutto quella autentica, poi falsificata e strumentalizzata, di Yehoshua ben Yosef (Gesù figlio di Giuseppe), del suo lignaggio approdato in Europa (**3**) che diede luce alla corrente denominata dei "Desposyni", a schiere quali quella dei Ghibellini, a ordini come quello dei Templari e dei Rosa+Croce, a casate quali quelle degli Asburgo/Lorena, fino all'autentico Priorato di Sion.

[(**1**) *Alcuni ebrei, in quella fase, sostanzialmente venivano ancora appellati come Hyksos, da considerarsi nella loro originaria purezza pre-egizia patrilineare, come figli di una tripartizione etnica Hyksos/Shasu/Habiru, ovvero sovrani di paesi stranieri/camminatori/fuggiaschi, che in parte così si mantenne anche in schiavitù*]

[(**2**) *Si è fatto credere erroneamente che il Graal fosse un calice anziché un frammento di meteorite, una pietra luminosa indispensabile per l'incoronazione futura dei Re in Gerusalemme, e producente lettere, messaggi*]

[(**3**) *Dapprima per sfuggire a Erode il Grande e potersi ristabilire in Egitto, alla morte del Gesù e soprattutto in corrispondenza dell'assassinio del fratellastro Giacomo per mano di sicari inviati da Paolo di Tarso, il nucleo originario dei Desposyni in fuga per l'Europa (Italia, Francia, Irlanda, Galles, dove diedero vita al ciclo arturiano e si insediarono tra i Normanni) era composto da Maria Boeto, madre di Gesù, da suo "zio" e patrigno Cleopa Teuda Alfeo d'Arimatea - poi*

*Giuseppe d'Arimatea alla morte del Giuseppe falegname, padre o
anch'esso patrigno di Gesù - i fratellastri Simone, Anna,
Giuseppe (Ioses) e Giuda, Maria di Betania e Maria
Maddalena, rispettivamente moglie e concubina di Giuseppe
(Ioses)*]

A causa della continua disputa sotterranea tra
questi due lignaggi, e più precisamente tra quello
confluito negli Anicio-Flavi da una parte, e quello dei
Desposyni dall'altra, per il fatto che il cristianesimo
romano potesse rimodularsi su aspetti o retaggi
Desposyni (4) provocò, per parte Anicio-Flavia e loro
derivati, l'instaurazione di un'ulteriore credenza
religiosa, l'Islam, di cui potersi opportunamente servire
per spodestare eventuali radicamenti autoctoni, e
quando dovuti a credi esoterici o paganeggianti.

[(**4**) *Significativa in tal senso è la crociata contro gli
Albigesi da parte dei Carolingi*]

Allo stesso modo, in età recente, della creazione
del comunismo, che più concretamente vide già i suoi
natali a partire dalla Rivoluzione Francese, per iniziativa
sia di quell'alto circuito massonico-economico-bancario
distinguibile da semplice logge (**5**), che per parte della
Compagnia di Gesù, divenuta a oggi il faro, il proxy che
tutto controlla e infiltra, imperi, nazioni, governi,
società occultistiche e società esoteriche.

[(**5**) *La figura massonica di Hiram Abif altro non è che* *uno simbolico scimmiottamento del faraone Seqenenra Ta'o, che, come descritto nel rituale massonico del 3° grado, fu ucciso da membri dell'ala intransigente degli Hyksos (ancor prima che si formasse l'ala opposta ebraico-egizia in schiavitù) ma non tanto, come nel caso di Hiram Abif, per carpirne i segreti, quanto invece per preservarli, un fatto che diede quindi inizio alla schiavitù egizia nei confronti delle schiere degli Hyksos]*

Con l'avvento e l'importanza dell'Ordine dei Gesuiti all'interno dell'ala Anicio-Flavia, si cominciarono a intravedere dei cambi di registro in senso statuale: quelle famiglie regnanti non appartenenti all'ala della nobiltà nera, o quanto meno con delle resistenze in tal senso, vennero soppiantate attraverso sommosse e guerre più ampie, per lasciare spazio a una volontà da Governo Unico Mondiale, con la stessa strutturale apparenza che sarebbe equivalsa anche per il cristianesimo romano, ovvero, e nel caso specifico, quando mascherata da forme plausibili di costituzionalismo e nazionalismo (**6**).

[(**6**) *Circostanze in cui tentarono delle azioni trasformistiche, e in senso positivo, quei circuiti appartenenti all'ala Desposyna*]

Ma in tutto ciò potevano esserci anche motivazioni altre e contingenti, ovvero, come nel caso del comunismo sovietico, la necessità del tutto imperialistica di non implodere per questioni religiose al suo interno, divinizzando quindi, come unico credo, quello ideologico-socialista.

È chiaro che la conformazione in blocchi strategico-ideologici tra settori del pianeta non avrebbe nuociuto alla causa Anicio-Flavio-Gesuitica.

Tutt'altro.

In tal senso caso più esemplare non potrebbe che essere quello del nazionalsocialismo tedesco.

Il suo occultismo non fu soltanto attratto, per così dire - e soprattutto per questioni meramente finanziarie e di potere - dalla Compagnia di Gesù e da quei circuiti massonico-economico-bancari, circuiti che il nazionalsocialismo cercò comunque di abbattere e da cui si lasciò avvincere.

Per via del suo interesse legato al Santo Graal, all'Arca dell'Alleanza, ai Teschi di Cristallo (7), le sue ricerche vennero indirizzate anche nei riguardi dell'ala egizio-ebraica dei Desposyni, i "costruttori di cattedrali".

[(7) *Come stirpe, i Germani discendevano dagli Sciti Reali, di quel connubio ario-sumero-accadico-scita-babilonese, ovvero i cosiddetti Popoli del Mare – Pelasgi, Achei, Shardana ecc.*]

Fin qui, si è scritto anche di perenne vendetta nei confronti degli occupanti della Palestina di allora, vendetta perpetuata dalla schiera intransigente giudaico-davidico-farisaica, che in parte riuscì a scampare la schiavitù egizia ma che rimase vittima, nel 70 DC, della distruzione del Secondo Tempio di Gerusalemme, in quella che poi sfociò come corrente Anicio-Flavia in Roma, instauratrice del cristianesimo romano, e di tutto ciò che ne conseguì.

Se ne potrebbero quindi ipotizzare alcuni aspetti, alla luce soprattutto degli eventi attuali.

Anzitutto, se il compimento di tale vendetta dovrà corrispondere alla costruzione del Terzo Tempio, questo è un fatto che in linea di massima giustificherebbe l'instaurazione del sionismo attraverso la strumentalizzazione del nazionalsocialismo, dell'olocausto e della shoah (e per il tramite di un senso di colpa da indirizzare ai non ebrei) un fatto per cui, nelle sue diverse sigle o sfumature, ne gioverebbe soprattutto la schiera resasi originariamente protagonista di tutto ciò, quella Anicio-Flavia.

Se questo evento debba ulteriormente corrispondere alla tanto attesa venuta del Messia, se esso stesso sia la venuta del Messia, e per quanto quelli attuali, di eventi, possano lasciar presagire tutto ciò (*1. Guerra in Ucraìna - ovvero terre di Kurgan, da dove discesero le schiere ario-sumero-accadico-scite-babilonesi in direzione dell'Europa 2. Guerra israelitica per la Grande Israele Promessa*) sebbene le famiglie "illuminate" che seguono

26

tali dettami detengano da secoli un potere incommensurabile (e non soltanto economico) riesce difficile pensare che tutto ciò possa corrispondere all'antichissimo mandato che gli ebrei (o di quelli che poi si sarebbero appellati come ebrei) ereditarono fin dalle origini dell'umanità, ovvero la preservazione di alcune conoscenze, un qualcosa ad appannaggio più che altro della schiera dei Desposyni, e non di chi più volte tutto ciò ha tradito o strumentalizzato, e per questioni di potere dovute anche alla più tipica scelta di campo in riferimento a specifici crismi ideologico-entitari.

Quel percorso attuale riferibile alle terre di Kurgan e alla Grande Israele Promessa è comunque indicativo oltre a ogni ipotesi messianica o da Terzo Tempio, è suscettibile di molteplici interpretazioni che possano persino coinvolgere la schiera ebraico-egizia dei Desposyni, se non dunque l'attuale popolo ebraico nel suo insieme, la cui causa fu spesso implicazione e motivo dello stanziarsi in più parti dell'emisfero.

Per via della sua camaleontica natura misterica, inutile dire come attualmente la citata schiera Anicio-Flavia - nel frattempo, come detto, riciclatasi in svariate sigle e correnti - stia dietro i più grandi misfatti che la storia sin qui presenta.

LA CONGREGA DEI 13

Con Congrega dei 13 si intende quel consiglio di martinisti neri o superiori incogniti, collocabili già ben oltre le 99 massoniche gradazioni templari e rosacrociane (**1**), i cui incontri si è soliti credere avvengano su una frequenza astrale, e di cui tanto per renderne un'idea, autorevoli personalità come il Guénon e il Nietzsche, molto addentro a questo genere di trattazioni, per il tramite di questi circuiti, sul finire del loro percorso di vita è probabile ne siano stati come "ipnotizzati".

[(**1**) *Potrebbero equivalere a quell'UR fascismo citato una volta da U. Eco, che non è tanto riconducibile al fascismo politico che conosciamo, sebbene questi di riflesso ne possa aver colto alcuni aspetti*]

Trattasi, per meglio dire, di quei Popoli del Mare di razza Cro-Magnon, uomini barbuti dalla pelle bianca e dai capelli biondo-rossicci, talvolta in combutta, talvolta in opportuna co-gestione con altre razze più scure, popoli che avrebbero dovuto preservare degli antichi saperi ma che, scordandone di questi l'originario afflato, li utilizzarono poi con vincolante interesse, e provocando non pochi danni.

Sono anzitutto i Pelasgi, i primi atlantidei dalle terre accadiche discesi fino allo Jutland, la prima

Atlantide (**2**), e con essi i Sumeri, gli Sciti Reali, fino agli Hyksos, che andarono quindi, e in parte, a mescolarsi in Egitto con delle razze più scure, schiatte atlantidee di cui poi gli Shardana (**3**) ne divennero i più influenti rappresentanti.

*[(**2**) Jutland, l'attuale Danimarca, che diede il nome al casato dei Rothschild, anch'essi discesi da quelle zone]*

*[(**3**) Shar-Dan-a / Tribù-di-Dan / Campi-Dan-o / Dan-ubio / Tuatha-Dé-Dan-aan / Dan-imarca]*

Questi liberatori del "mezzosangue" Mosè, spesso astutamente al servizio di un regno o città-Stato contro una loro stessa fazione in un altro regno o città-Stato, dalla Sardegna (**4**) divennero anche Fenici, Filistei, Achei (Dori) Troiani (Teucri) Libu, Lukka, Illiri, Sabini (**5**) Siculi, Celti (Dan-una) Gutei (Goti), spodestando e manipolando le genti autoctone dei territori conquistati, nello specifico in Sardegna gli Ichnusitani o Cinei (anch'essi Cro-Magnon) che quasi costretti ad andarsene si stabilirono poi nell'attuale Creta e nel Centro Italia, dando vita alla civiltà minoica e alla schiatta degli Etruschi.

*[(**4**) A seguito dell'ennesimo diluvio / scioglimento dei ghiacci e sede, con l'attuale Sicilia, delle famigerate "Colonne d'Ercole" - Stretto di Messina, Isole Eolie, Isola di San Pietro e Stretto dell'Asinara - anche per Platone la Sardegna è la seconda Atlantide]*

[(**5**) *Piceni, Villanoviani, Latini, Volsci, Sanniti, Iapigi, Ernici*]

Fautori della civiltà nuragica che portarono dalle terre accadiche di UR/NUR (**6**) degli Shardana il rosso purpureo è il loro colore-simbolo (**7**) sostanzialmente dovuto a una specifica conformazione somatica (barbe e capelli biondo-rossicci) e da mercenari ed esperti navigatori quali erano, il loro mare non poteva dunque che chiamarsi Rosso: dall'attuale Tirreno ciò lo divenne definitivamente quando si ristabilirono tra l'Egitto, il Libano e la Palestina.

[(**6**) *Ur-as/Ur-i/Nur-allao/Nur-ri/Nur-aminis/Nur-achi/Nur-agus/Nur-aghe*]

[(**7**) *Da Sardan "il rosso", figlio d'Ercole*]

Difatti originariamente il Mar Rosso, o "mare bruciato", era il Mar Tirreno.

Quel rosso purpureo lo ritroviamo anche tra i Romani e tra le tuniche cardinalizie, e potremmo anche considerare tali guerrieri-faccendieri alla stregua di Gesuiti ante-litteram.

Ciò detto, non che si voglia vantare gli Shardana, indubbiamente la loro piratesca scaltrezza, nei millenni, può aver suscitato, e ancora può suscitare, un certo fascino.

Difatti non è affatto improbabile che per i loro metodi di preservazione di una conoscenza primordiale, siano giunti, gioco-forza e per questioni strettamente contingenti, ad ambiti teistici o di "elevata" contro-iniziazione, per via del fatto di "aver dovuto scegliere" - o non avendo avuto altra scelta - e quando oltretutto dell'iniziazione essendo stati i principali precursori.

Personalmente resto sempre dell'avviso che da parte di queste schiere millenarie atlantidee, ora ariano-sioniste, ora indoeuropee, attualmente vi sia come un'ostinata volontà di ritorno alle origini, i cui "mezzosangue" semiti o altro (talvolta arabi, talvolta ebrei), siano di tanto in tanto - vicendevolmente a favore o contro - utili alla causa.

SULLA QUESTIONE RELIGIOSA

Sin dalle sue origini, il cristianesimo – e in particolare il cattolicesimo romano – si è configurato come sintesi tra specifiche élites ebraiche romanizzate (in fondo non tanto ebraiche, ma spacciatesi come tali [1]) e interessi di natura imperiale.

La sua spiritualità, basata talvolta su una dimensione trascendente, trae in realtà origine da più antiche e precedenti forme di esoterismo (o al più occultismo) che già avrebbero potuto rivelarsi come paradossali o nient'affatto religiose.

Difatti anche laddove se ne possa riconoscere una tensione verso il superiore, questo tipo di conoscenza ne verrebbe all'occorrenza stravolta per finalità di controllo e potere.

Per questo motivo, la crisi attuale della Chiesa – se di crisi si deve parlare - non è necessariamente da considerarsi come un'anomalia, ma bensì come una naturale conseguenza implicita alla sua struttura fondativa.

Un Papa Gesuita che secondo un patto non avrebbe mai dovuto varcare il soglio pontificio, è un fatto che di per sé lascia già intravedere tutto.

Così come in alcune forme di politica recente o meno recente, anche e dunque nel caso del cattolicesimo romano, trattasi né più né meno che di un adeguamento o di una totale immedesimazione a certo strategico potere internazionale.

[(**1**) *Pur provenendo da un medesimo territorio originario – tra le steppe kurganiche e Sumer – il nucleo fondante di questo culto si distinguerebbe per codice genetico e per differenti sviluppi culturali. Dunque la comune radice indoeuropea non basta a identificarlo come un blocco unico. Secondo questa visione, se ne potrebbero quindi individuare due filoni: il primo include figure divinizzate appartenenti a specifici aplogruppi genetici, tra cui gli Hyksos (APG-J2) - ceppo di origine nomade legato a un culto strumentale ancora privo di religione "organizzata" - il secondo riguarda la famiglia storica di Gesù, appartenente alla dinastia erodiano-tolemaica, di quel lignaggio ebraico/mosaico/greco-tolemaico filo-romano (APG-R1B) con cui talvolta gli Hyksos si mescolarono o camuffarono. Gesù di Gamala, in realtà figlio di Erode il Grande, sarebbe stato un potenziale monarca della Giudea vicino alla setta egizia dei Terapeuti. Dopo essere sopravvissuto alla crocifissione, avrebbe ottenuto il titolo di sommo sacerdote sposando Marta Boeto, grazie anche a ingenti somme di denaro pagate alla casta sacerdotale. La sua morte definitiva, tra il 63 e il 68 D.C. sarebbe avvenuta per mano zelota, perché accusato di collaborazionismo con Roma dopo aver assistito ai saccheggi compiuti dagli stessi Zeloti (di cui fece parte) contro la popolazione giudaica. Il cristianesimo dottrinario, avrebbe rielaborato e modificato i fatti di quel periodo, elevando Maria a figura sacra e adattando il messaggio cristico per renderlo*

33

funzionale al potere romano, in mano all'infiltrata discendenza Hyksos.

I SIGNORI DEL CAPITALE E DELLA GUERRA

In qualsiasi ambito, nello stipulare, nel confrontarsi, tendenzialmente per istinto o abitudine si è soliti privilegiare un proprio ceppo, famiglia, popolo o nazione.

Così è, e così in fondo è sempre stato.

E al di là da convenienze di parte, siano esse tattiche, strategiche, di sigla o d'apparato, chi detiene le redini di questo mondo - e per percorsi millenari attraverso la grande usura e i culti religiosi - inevitabilmente obbliga a delle prassi di questo tipo.

Volenti o nolenti, chi nei riguardi di tali prassi decidesse di "svendersi" per riceverne in cambio un qualche vantaggio (nel rischio che alla lunga possa rivelarsi soltanto in apparenza) se ne prenda ovviamente le responsabilità, e d'altronde uno dei vantaggi maggiori potrebbe consistere nella consapevolezza che il gioco sia tutto lì.

La parte che decida invece di non "svendersi", sia conscia di rimarcare una forma di autarchia o di chiusura che non dovrebbe prevedere, nei confronti di qualsivoglia avversario, una forma specifica di sudditanza - sudditanza quando e perché dettata da argomentazioni basate su scelte di esponenziale isolamento.

Costituisca, produca a prescindere.

A tutto ciò, l'attuale Federazione Russa potrebbe farne da eccezione: già terreno fertile per esperimenti di tipo politico-ideologico, a un certo punto nello svelamento o emersione del reale volto del capitale finanziario (illimitato o indefinito a confini, imperi o nazioni) un po' come accadde con il nazionalsocialismo in Europa (ma con esiti ben diversi) più di recente in ambito bancario pare abbia sgombrato il campo nei confronti di speculatori o usurai di un certo tipo, attirandosi dunque, negli anni, non poche minacce.

Quale è stato quindi, in tutto ciò, il risultato, la conclusione, se mai di risultato o di conclusione debba trattarsi?

Dagli Stati Uniti, sede suo malgrado delle grandi consorterie dell'odierno capitale finanziario, l'accordo, il piano - a un certo punto come un patto reciproco di non belligeranza inclusivo di persuasive sanzioni - è stato e continua a essere quello di un'operazione di lento disfacimento dell'Ucraìna, fino a poterla mettere in ginocchio per poi ricostruirla, dunque a scelta e vantaggio di quelle stesse consorterie finanziarie del capitale, che brave a nascondersi, per come si è abituati a considerarle poi così tanto ebraiche o giudaiche in fondo non è detto lo siano.

Sugli stessi ebrei quindi, è un po' come ciò che sta avvenendo in Medio Oriente per volontà del governo a guida israeliana o "millenarista".

Paradossalmente ebrei (ma quelli veri) e iraniani, sono molto più affini di quanto non si creda.

Certo in questo caso ne è stato fomentato dell'odio etnico - e facendo leva sul culto religioso, culto che ha avuto l'ardire, seppur talvolta anche solo di facciata, di riunire etnie, ceppi, imperi, come dimostrarsi il caso persiano - e in questo sarebbe anche da distinguerne la specifica "terroristica", ovvero non tanto qualcuno che difenda Israele come entità governativa, ma che lo difenda come popolo che riunisce l'etnia ebraica nel suo insieme, altro appiglio che potrebbe però giustificare, quando tale, l'offensiva "sionista", pseudo-ebraica o millenarista.

Insomma Medio Oriente a parte e per ritornare alla Russia, con anche le sue difficoltà e i suoi contrasti, si direbbe come quest'ultima abbia passato l'esame nei confronti di quelle stesse consorterie finanziarie del capitale, meritando, sotto certi aspetti, il rispetto dovuto, per quanto a sacrificio dell'Ucraìna e del suo popolo.

È parte, la Russia, del gran tutto, per quanto apparentemente isolata.

Lo si vede dalle alleanze bilaterali, trilaterali, anche e soprattutto quando si ripresentano all'opposto di quel che si sarebbe andati a pensare.

Come dire, non posso abbatterla?

Mi ci alleo.

Il resto è tifoseria, ideologica o territoriale, odio o disprezzo talvolta giustificato dal fatto che nello stipulare, nel confrontarsi, tendenzialmente per istinto o abitudine si è soliti privilegiare un proprio ceppo, famiglia, popolo o nazione, come detto in apertura a questo testo.

La Russia non la si potrebbe neanche considerare come anti-europea, se lo è, lo è unicamente per circostanza, si direbbe "a oltranza", in base a eventi o nuove strategie.

QUESTIONI DI GIOCO

Imbrigliata tra vincoli ingannevoli come forme strutturali di conservatorismo (sui cui fondamenti non sembra curarsi troppo di una loro natura, vera o presunta, così come quindi di una loro specifica origine) all'Europa manca un'autentica iniziativa che la ricompatti.

Poiché persino l'attuale presidente degli Stati Uniti non sembra considerare che la partita che si sta giocando in fondo sia sempre la stessa: nel dilemma risolutivo Russia/NATO, nella misura in cui il rapporto con i primi è legato provocatoriamente a un'operazione militare (e come richiesta d'esecuzione mai troppo esplicitata) da una sua volontà di pace è sempre più inevitabilmente portato alla guerra, nel mentre che già sui secondi la richiesta di un incentivo agli armamenti, assumerà in confronto funzioni di deterrenza, ovvero farà da contraltare a un qualcosa creato da coloro i quali - nei confronti sia dall'una che dall'altra parte - un principio di divisione continuano a bilanciare.

Detta divisione, per quanto a un livello secondario sollecitata di una forma politico/commerciale, attraverso il mezzo bellico/finanziario prevede come unica finalità il controllo e il mantenimento sui destini della partita stessa.

Serve una guerra o servono più guerre, ma mai fino al punto di sacrificare un proprio sistema gestionale delineato ormai da secoli, laddove l'eventuale incognita di un azzardo da parte di alcuni, delle due parti ne renderebbe al limite sacrificabile una, come avvenuto anche in passato.

Il resto sono perenni sacrifici per popoli e comunità, in un contesto generale dove il tutto assume sempre più una forma di vera e propria "presa in giro", quando persino nei confronti del mondo politico.

www.ingramcontent.com/pod-product-compliance
Lightning Source LLC
Chambersburg PA
CBHW070451290526
45791CB00005B/2115